"Este breve y a[...] cada misterio del rosario, incluyendo los misterios luminosos o los "misterios de la luz" recientemente promulgados por el Papa Juan Pablo II. Las meditaciones evocan la escena o motivo bíblico detrás de cada misterio y sugieren conexiones a nuestras experiencias cotidianas. Es una manera bonita de refrescar este amado trabajo católico de piedad."

The Bible Today

"Padres de iglesia, hombres o mujeres religiosos, o padres de familia cansados quienes buscan una lectura rápida para mejorar sus vidas de oración tienen suerte. Los comentarios invitan la reflexión y proveen alimentos espirituales mientras usted corre de lugar en lugar intentando terminar las tareas del día; cada uno concluye con un tema que le ayudará durante el día."

Crux of the News

Reflexiones sobre los Misterios del Rosario

Mark G. Boyer

Traducido por
Rosa María Icaza, C.C.V.I.

LITURGICAL PRESS
Collegeville, Minnesota

www.litpress.org

Diseño de la portada por Joachim Rhoades, O.S.B. Fotografía cortesía de Getty Images.

Nihil obstat: Renée Domeier, O.S.B., *Censor deputatus.*

Imprimatur: ✠ John F. Kinney, J.C.D., D.D., Obispo de Saint Cloud, el 1 de junio de 2007.

Título Original *Reflections on the Mysteries of the Rosary,* © 2005 Order of St. Benedict, Collegeville, MN.

1   2   3   4   5   6   7   8   9

Boyer, Mark G.
  [Reflections on the mysteries of the Rosary. Spanish]
  Reflexiones sobre los misterios del Rosario / Mark G. Boyer ; traducido por Rosa Maria Icaza.
     p. cm.
  ISBN-13: 978-0-8146-3086-0
  1. Mysteries of the Rosary.   I. Title.

BT303.B6918 2007
242'.74—dc22   2007017617

Dedicado a
Rdo. Jerome Neufelder,
1929–2002
sacerdote, director espiritual, amigo

Índice

Introducción   7

Los Misterios Gozosos
La Anunciación   12
La Visitación de María a su prima Isabel   14
El Nacimiento de Jesús   16
La Presentación de Jesús en el Templo   18
Jesús perdido y hallado en el Templo   20

Los Misterios Luminosos
El Bautismo de Jesús en el Jordán   24
La Manifestación de Jesús en las
   Bodas de Caná   26
La Proclamación del Reino de Dios   28
La Transfiguración   30
La Institución de la Eucaristía   32

Los Misterios Dolorosos
La Oración en el Huerto   36
La Flagelación de Nuestro Señor Jesucristo   38
La Coronación de Espinas   40
Jesús con la Cruz a cuestas   42
La Crucifixión   44

Los Misterios Gloriosos

La Resurrección   48

La Ascensión   50

La Venida del Espíritu Santo   52

La Asunción   54

La Coronación de la Santísima Virgen María   56

Introducción

Este pequeño libro ofrece reflexiones para cada uno de los cuatro grupos de Misterios del Rosario: Gozosos, Luminosos, Dolorosos, Gloriosos. Su propósito es que quienes rezan el rosario lo utilicen como un conjunto de reflexiones guiadas. Uno puede regresar a sus reflexiones repetidamente para poder entender con más profundidad los misterios que se rezan.

Cada reflexión de dos páginas proporciona el nombre del misterio, un versículo de la Sagrada Escritura, y una reflexión que provee antecedentes para entender el texto bíblico, una aplicación para la propia vida en el siglo veintiuno, y un enfoque que se sugiere al lector para la aplicación personal de la reflexión cuando él o ella medita y ora una decena específica del rosario.

"Rosario" viene de una palabra del Sánscrito que significa "jardín de flores" o "collar de cuentas". "Cuenta" viene de una palabra anglosajona que significa "oración"

Por lo tanto, el rosario es un jardín de oración. Como todo jardín, para crecer sano y fuerte, necesita sol, lluvia, y fertilizante. Estas reflexiones sirven como el sol-lluvia-fertilizante-meditación para el jardín de oración, el rosario. Afortunadamente, el ora-dor(a) regresará a ellas una y otra vez para aumentar el crecimiento de muchas oraciones-flores en su vida.

Es fácil rezar el rosario. Uno se persigna mientras toca la cruz del rosario y recita el Credo de los Apóstoles. Después se va a la primera cuenta grande, la persona dice el Padre Nuestro, seguido de tres Aves Marías, una en cada una de las tres cuentas pequeñas, y el Gloria*. En la siguiente cuenta grande se anuncia el primer misterio, después del cual uno lee el verso bíblico y la reflexión de la sección apropiada de este libro. Cuando termina, la persona dice un Padre Nuestro y diez Ave Marías, contándolas en el primer grupo de diez cuentas pequeñas mientras medita sobre la aplicación de la reflexión que viene en este libro. Uno puede quedarse un rato en cada Ave María mientras enfoca su atención en cómo el misterio que se está rezando es llevado a la práctica por el ora-dor. Al final de la decena se reza el Gloria. En la siguiente cuenta grande se anuncia el siguiente misterio y en cada decena se procede como se acaba de indicar. Después de rezar los cinco misterios, se dice la oración de la Salve.

Tradicionalmente, los Misterios Gozosos se rezan los lunes y sábados, los Misterios Luminosos los jueves, los Misterios Dolorosos los martes y viernes; y los Misterios Gloriosos los domingos y miércoles. Sin embargo, cuando se usen estas reflexiones, quienes rezan pueden escoger decir sólo una decena de un misterio al día y meditar profundamente sobre su aplicación en su propia vida. O uno puede escoger espaciar las cinco decenas y sus reflexiones a lo largo del día, por ejemplo: temprano por la mañana, a media mañana, a mediodía, a media tarde y en la noche.

El escritor espera que este pequeño libro profundice la reflexión y meditación de quienes lo usan mientras rezan los misterios del rosario.

*Nota de la traductora: En otros países cambia el orden de las oraciones dentro del rosario. En México se comienza con el Acto de Contrición; las tres Ave Marías y la Salve se dicen al final de las cinco decenas. El Credo no está incluido.

Los Misterios Gozosos

La Anunciación

[El Ángel Gabriel anunció a María], "Concebirás y darás a luz un hijo, al que pondrás por nombre Jesús" (Lucas 1,31).

Todo gran hecho culmina en un anuncio de alguna clase. Los antiguos reyes de ciudades hace mucho tiempo olvidadas grabaron el anuncio de la derrota de sus enemigos en tabletas de barro, rollos de papiro, y hojas de pergamino. Algunas veces ellos erigieron una estela o un arco que sirviera de anuncio perpetuo de ese hecho. Los faraones egipcios tenían siempre a un escriba a la mano, en caso de que tuvieran que hacer algún anuncio de enormes proporciones.

Ambos, el autor del Evangelio de San Mateo y el autor del Evangelio de San Lucas piensan que el inminente nacimiento de Jesús merece un anuncio similar. Así que, en San Mateo, el ángel del Señor—un código del Antiguo Testamento para Dios—le habla a José en un sueño y le anuncia que su prometida, María, ha concebido por medio del Espíritu Santo y dará a luz a un hijo a quien José pondrá por nombre Jesús. San Lucas describe más formalmente el anuncio. El ángel Gabriel—significa "fuerza de Dios" —anuncia a María que el Espíritu Santo vendrá sobre ella y el poder de Dios la cubrirá y ella dará a luz al Hijo del Dios Altísimo, un niño lleno del Espíritu Santo, quien llevará el nombre de Jesús.

Esa práctica de los antiguos reyes, faraones y escritores del evangelio continúa hasta hoy. La graduación de la preparatoria, o de la universidad es anunciada por correo con una invitación. La inminente unión de un hombre y una mujer es anunciada como un compromiso en el periódico del domingo. Aparecerá otra vez ahí, como el anuncio de la boda. La familia y los amigos de la novia y el novio recibirán anuncios de la boda. Los anuncios de un "baby shower" preceden al anuncio del nacimiento. Y casi todos los periódicos tienen una sección anunciando el fallecimiento de los miembros de la comunidad.

En nuestra vida también recibimos anuncios de Dios, siempre. Aunque puede que éstos no estén acompañados de un ángel, Dios nos anuncia nuevas ideas a través de nuestra lectura. Ve una película y Dios podría anunciarte algo importante a través de uno de los personajes. Escucha atentamente a tu esposo o esposa, o a tu amigo o amiga y podrías escuchar a Dios dándote la solución a un problema. Cuando la conciencia te dice que lo que sabes es lo correcto, cuando dices la verdad, cuando aceptas toda la responsabilidad por tus acciones, puedes estar seguro(a) que estás escuchando esos anuncios de Dios

Mientras rezas este misterio, reflexiona en algún anuncio reciente que hayas recibido de Dios. Llénate de gozo de que Dios continúa anunciándote buenas nuevas.

La Visitación de María a su prima Isabel

"Por aquellos días María se puso en camino y fue de prisa a la montaña, a una ciudad de Judá. Entró en casa de Zacarías y saludó a Isabel" (Lucas 1,39-40).

Si visitamos a un amigo enfermo en el hospital, creemos que nosotros somos los visitantes. Así como, si visitamos a un pariente en un asilo, consideramos que nosotros somos los visitantes. Aquellas personas involucradas en el cuidado de enfermos desahuciados saben que ellos visitan y cuidan a quienes están cerca de la muerte. Más aún, cuando visitamos, quizá llevemos una revista, una planta o galletas a alguien. Ciertamente, llevamos atención y conversación a la persona que visitamos.

En la excepcional historia de San Lucas sobre la visita de María a Isabel, concluimos que María es la visitante, e Isabel es la visitada, y aparentemente, eso es verdad. María ha viajado a la casa de Zacarías e Isabel para verlos. Pero María ya ha sido visitada por Dios en la persona de Gabriel. Por lo tanto, cuando ella procede a visitar a Isabel, descubre que Dios no sólo ha visitado ya a Isabel, sino que Isabel hace el papel de visitante, también. Esto significa que ella recibe a María como la madre del Señor, y comparte la buena nueva que se le ha confiado, concretamente, que ha sido llena del Espíritu Santo, lleva al precursor—Juan el Bautista—en su propio vientre, que hay muchas bendiciones de Dios para todos. En otras palabras, la visitante, María, se convierte en la visitada, y la visitada, Isabel, se convierte en la visitante.

Vivimos en una cultura que dicta que midamos nuestro valor por la forma en que visitamos a los demás.

María e Isabel vivían en una cultura que medía la hospitalidad en términos de lo que era recibido de los demás. En lugar de acercarte a un amigo que está en el hospital con la idea preconcebida de que eres el visitante y de que él o ella es la visitada, trata de hacer que tu visita sea una en la cual estés dispuesto(a) a recibir de la persona enferma. De la misma manera, cuando visites a un pariente desahuciado, enfócate en lo que recibes de la persona anciana o discapacitada. Aunque tú seas el que haya hecho el viaje, aquellos que han sufrido, aquellos que han vivido, aquellos que han amado tienen muchos dones que ofrecer a sus visitas.

Por ejemplo, al escuchar las palabras de un(a) anciano(a) podrías descubrir una solución a tu problema. Al escuchar al enfermo(a), podrías descubrir el poder del sufrimiento. Al escuchar a los niños(as) podrías entender verdades que eran difíciles de entender. No sabemos cuando nuestra visita a alguien, pudiera volverse una visita del otro hacia nosotros. Después de todo Dios es el primero que nos visita durante la oración cuando podemos realmente pensar que estamos visitando a Dios. Pregúntale a Isabel.

Mientras rezas el misterio, reflexiona en algunas de las recientes visitas que has tenido de otros y de Dios, y de las cuales pensaste que tú eras el que estaba haciendo la visita. Llénate de gozo de que Dios continúa visitándote.

El Nacimiento de Jesús

"Cuando José se despertó del sueño, hizo lo que el ángel del Señor le había mandado: recibió a su esposa y, sin tener relaciones conyugales, ella dio a luz un hijo, al que José puso por nombre Jesús" (Mateo 1,24-25).

Hay muchos puntos de vista para explicar los efectos que un nacimiento tiene en las otras personas. Un doctor(a) ayudando al alumbramiento de un(a) bebé narraría la historia desde el punto de vista del procedimiento del nacimiento y diría como siguió el protocolo médico usual, de otra manera se pondría a prueba el conocimiento del doctor sobre la medicina. El padre del(a) niño(a) lo contaría desde el punto de vista de ayudar a la madre, su esposa, y sobre el esfuerzo que ha puesto para mantenerla enfocada en la tarea que tiene a la mano. El punto de vista de la madre probablemente empezaría con el fin de su embarazo de nueve meses e iría hacia atrás hasta el momento de la concepción. Si el(la) niño(a) pudiera hablar, explicaría lo que es ser lanzado(a) de una casa cálida después de nueve meses de residencia, ser forzado(a) a través de un canal hacia luces brillantes, y que succiona, rápidamente, cada orificio, antes de ser lavado(a) y envuelto(a) en una colcha.

San Mateo y San Lucas relatan el nacimiento de Jesús desde un punto de vista como su nacimiento afectará a la demás gente. San Mateo está interesado en el nacimiento de Jesús desde la perspectiva de los gentiles, presentando la historia sobre los Magos al llegar a la casa de José y María con regalos: cofres de oro, incienso y mirra para el niño. Según el Evangelio de San Mateo,

Jesús vino a unir a los judíos y a los gentiles en el reino de Dios en el cielo antes de su muerte. San Lucas escoge explicar cómo el nacimiento de Jesús afectará a los pobres, representados por los pastores, quienes son los primeros en ir y ver al niño en el pesebre. Los pastores sirven como signo de todos los rechazados e impuros del primer siglo. Según San Lucas, Jesús viene a llamar a los cobradores de impuestos, las prostitutas, los poseídos por demonios, y al resto de los inadaptados sociales de la raza humana para compartir el reino de Dios.

Tu nacimiento ha afectado a mucha gente. Tus padres podrían contar la historia de tu nacimiento desde un punto de vista de los grandes cambios que trajiste a su vida. Tus abuelos(as) narrarían la historia desde la perspectiva de un nuevo(a) nieto(a) y de todo lo que ellos querían para ti. ¿Qué dirían tus maestros de kinder o pre-primaria sobre la forma en que has afectado su vida? ¿Qué punto de vista escogería el director de tu escuela primaria? ¿Y qué dirían tus compañeros de preparatoria? ¿Qué efecto has tenido en tus amigos? Muy seguido pasamos por la vida y nunca nos detenemos para pensar sobre toda la gente cuyas vidas hemos tocado o afectado.

Mientras reflexionas en este misterio gozoso de la natividad de Jesús y sobre cómo su nacimiento afectó su mundo, examina tu nacimiento desde el punto de vista de las formas en que has afectado a la gente que habita tu mundo.

La Presentación de Jesús en el Templo

"Cuando se cumplieron los días de la purificación prescrita por la ley de Moisés, llevaron al niño a Jerusalén para presentarlo al Señor . . . (Lucas 2,22).

Cuando alguien quiere que uno conozca a otra persona le podemos llamar a esto una presentación. Una persona le dice a la otra, "Juan, te presento a María". Y la otra responde, "Mucho gusto en conocerte, María". Los franceses generalmente responden con *"Enchante"*, que quiere decir "Estoy encantado de conocerte". Las hijas de ciudadanos prominentes son presentadas a los miembros de un club durante un baile elegante. Durante el medio tiempo de un juego de fútbol o básquetbol, las nominadas para reina en una fiesta de exalumnos junto con sus acompañantes son presentados a los alumnos y exalumnos en una escuela preparatoria.

En la excepcional historia de San Lucas, Jesús es presentado en el Templo por José y María. En efecto, el niño concebido por el Espíritu Santo es llevado a la casa de su Padre donde es presentado a Dios. Como San Lucas narra la historia, dos personas sabias y ancianas reconocen y explican el significado de la presentación de Jesús. Primero, Simeón, lleno del Espíritu Santo, declara que Jesús será una luz tanto para judíos como para gentiles; en otras palabras, Jesús es presentado a todo el pueblo. Segundo, Ana habla sobre la redención de Jerusalén que se llevará a cabo por medio de Jesús. Las leyendas de Simeón y Ana revelan una característica del estilo de San Lucas en todo su Evangelio: concretamente, el cuidadoso balance entre la historia de un hombre y la de una mujer.

Simeón y Ana representan la sabiduría de los ancianos. Hay algo sobre la edad que sabe, que reconoce la verdad, que puede discernir la profunda certeza de las cosas y compartirla con otros. La mayoría de las veces asociamos la sabiduría con los abuelos(as), quienes instruyen a sus nietos(as) en verdades que parece que los padres no pueden comunicarles. En nuestra cultura, los mentores sirven para lo mismo, toman a jóvenes, mujeres y hombres, y examinan con ellos las cosas que realmente les importan: las relaciones, el amor, la vida, la espiritualidad, el sexo, y la muerte. Los profesores ofrecen también sabiduría; hay instructores que dan más que el material del curso. Inspiran enseñanzas que duran una vida entera en lugar de hacer que las memoricen, lo cual se olvida más pronto.

Como Simeón y Ana dejan claro, Dios presenta la sabiduría del Único Santo a través de las personas. Dios puede ser reconocido en un sinnúmero de presentaciones si abrimos nuestros ojos y corazón, como Simeón y Ana. Mientras rezas este misterio, reflexiona sobre toda la verdad y gozo que Dios te ha dado por medio de quienes te han sido presentados.

Jesús perdido y hallado en el Templo

"Al cabo de tres días, lo encontraron en el templo sentado en medio de los doctores, no sólo escuchándolos, sino también haciéndoles preguntas" (Lucas 2,46).

La única historia canónica de Jesús cuando era niño se encuentra en el Evangelio de San Lucas. Jesús tiene doce años. Él y sus padres acaban de estar en Jerusalén para la Pascua judía, la celebración anual de la liberación de los judíos de la esclavitud de los egipcios. María y José piensan que su hijo está con los demás en el viaje de regreso a casa, pero él se ha quedado en Jerusalén donde, después de tres días, ellos lo encuentran en el Templo. Por supuesto, este relato del encuentro de Jesús es un paralelo de su presentación en el Templo. El autor presenta incluso finales similares para las dos historias. De igual manera que San Lucas describe a Jesús, el niño lleno del Espíritu Santo, siendo presentado a Dios en el Templo en la historia previa, en ésta lo presenta como superior a las autoridades del Templo. Sin embargo, su atención está en quien está perdido. A primera vista parece que Jesús está perdido, pero, si lo consideramos cuidadosamente, empezamos a ver que son las autoridades las que están perdidas de asombro ante el entendimiento y las preguntas de Jesús.

Cuando algo se pierde, tratamos de encontrarlo. Por lo que vamos en busca de las llaves del auto perdidas y las encontramos en la bolsa, sobre la mesa, o en un bolsillo. Las monedas siempre se están cayendo entre los cojines del sofá, ruedan abajo del refrigerador o desaparecen en las rejillas de la ventilación; son encontradas por quien limpia la casa. Usualmente, las herramientas perdidas son encontradas en el lugar donde se usaron por última vez. Quizá nunca pensamos que estamos perdidos y en necesidad de ser encontrados porque sólo nos enfocamos en buscar las cosas perdidas.

Y ésa es la clave para entender la historia de Jesús perdido en el Templo. Fíjate, él no está perdido, el niño lleno del Espíritu Santo está en la casa de Dios aquí en la tierra a donde él pertenece. Las autoridades del Templo están perdidas y sus padres están perdidos. Ninguno de ellos entiende lo que él les está diciendo. Más tarde en el Evangelio, San Lucas presentará a Jesús en un grupo y narrando tres parábolas. Una será acerca de la oveja perdida, otra acerca de la moneda perdida y otra acerca del hijo perdido. La oveja, la moneda y el hijo no saben que están perdidos. Sin embargo, en las tres historias cada uno es encontrado por alguien, así como Dios busca y encuentra a aquellos que están perdidos.

Tanto las parábolas, como la historia de Jesús perdido en el Templo, nos hacen reconocer que nosotros también estamos perdidos. No podemos encontrar a Dios, no importa cuánto lo busquemos; Dios nos encuentra cuando nos abrimos a la posibilidad de ser encontrados por su Divina Presencia. Podría ser que Dios nos encuentre en la oración, trabajando en el rancho, limpiando, en las relaciones familiares. Podemos distraernos mucho pensando que nosotros somos los que buscamos, como las autoridades del Templo, en lugar de esperar a ser encontrados por Dios a quien le encanta hacer una fiesta cuando lo que se perdió ha sido encontrado.

Mientras rezas este misterio, reflexiona sobre todas las formas en que Dios te ha encontrado por medio de los demás. Y alégrate de que Dios busque a los perdidos.

Los Misterios Luminosos

El Bautismo de Jesús en el Jordán

Por aquellos días llegó Jesús desde Nazareth de Galilea y fue bautizado por Juan en el Jordán. (Marcos 1,9).

El bautismo de Jesús por Juan el Bautista en el Río Jordán es el tema de muchos vitrales, pinturas, mosaicos y cubiertas de pilas bautismales. En casi todas las representaciones Juan derrama agua sobre la cabeza de Jesús, quien está hincado o de pie, mientras una paloma se cierne sobre él y rayos de luz atraviesan las nubes en el cielo. Sin embargo, ninguno de los cuatro relatos del bautismo de Jesús en el Jordán menciona todo esto. Mientras en el Evangelio de San Marcos no hay duda de que Juan bautizó a Jesús, en el Evangelio de San Mateo (3,13-17) él lo hace resistiéndose, y en el Evangelio de San Lucas (3,20) Juan ya está encerrado en la cárcel, así que no se sabe quién bautizó a Jesús (3,21-22). No hay ninguna representación de Juan bautizando a Jesús en el Evangelio de San Juan; todo lo que tenemos es el testimonio del Bautista (1,29-34).

Debido a que cada evangelista después de San Marcos, aceptado comúnmente como el más antiguo de los Evangelios, trata de atenuar o borrar el bautismo de Jesús por Juan, debemos concluir que el evento causó un gran problema cerca del fin del primer siglo. Muchos estaban diciendo que Juan debía ser el mayor ya que "él realizó el bautismo". San Mateo y San Lucas elevan a Jesús removiendo gradualmente a Juan de la escena. El autor del Evangelio de San Juan maneja la cuestión no hablando ni siquiera del evento. Casi no hay duda de que Juan el Bautista bautizó a Jesús; si él no lo hubiera hecho, San Mateo y San Lucas no habrían vuelto a escribir la historia de San Marcos.

En el Evangelio de San Marcos, después de ser bautizado Jesús, ve los cielos abriéndose y Dios desciende a la tierra en forma de paloma. En el antiguo universo de tres niveles, Dios vivía en el nivel superior (sobre los cielos). La gente vivía en el piso medio (la tierra), y los muertos vivían en el primer piso (bajo la tierra). Los cielos que se abrieron, entonces indican que Dios ha venido a la tierra. Sólo Jesús escucha la voz del cielo declarar que él es su hijo en quien él se complace. Así, no es una gran revelación que Jesús inicia su misión proclamando, ". . . El reino de Dios está llegando . . ." (Marcos 1,15).

Hoy, la voz del Poderoso viene por medio de voces humanas quienes como Jesús, proclaman la actividad de Dios en nuestra vida. Mientras los esposos y, las esposas escogen trabajos, tienen hijos, compran una casa, compran un carro, ellos pueden escuchar la voz de Dios. Los padres son la voz de Dios a través del ejemplo del estilo de vida que modelan para sus hijos. Los amigos que escuchan con atención, dan consejo, o confortan sirven como voz de Dios. La revelación del Misericordioso Dios en nuestra vida por medio de las voces de los demás, es a menudo como un rayo de luz. De pronto, reconocemos que el reino de Dios está cerca de nuestra vida.

Mientras rezas este misterio luminoso, reflexiona en lo que Dios ha estado diciéndote por medio de todas las voces esclarecedoras en tu vida.

La Manifestación de Jesús
en las Bodas de Caná

Esto sucedió en Caná de Galilea. Fue el primer signo realizado por Jesús. Así manifestó su gloria y sus discípulos creyeron en él (Juan 2,11).

La narración excepcional de las bodas de Caná es el primero de los siete mayores signos de Jesús en el Evangelio de San Juan el cual infunde la fe en sus discípulos.

El sencillo escenario juanino para cada uno de los signos involucra un evento: un hecho milagroso realizado por Jesús y la consiguiente fe de aquellos que estaban presentes. En los Evangelios de San Marcos, San Mateo y San Lucas la gente que va a Jesús, ya tiene fe; en San Juan, ellos creen porque ven los signos de Jesús.

La boda de Caná no es una celebración ordinaria. Desde la primera frase de la historia, la cual indica que sucede "al tercer día" (2,1), el lector astuto sabe que ésta es una teofanía, una manifestación de Dios a través de Jesús. No se menciona ninguna novia, pero la madre de Jesús, quien no es llamada por su nombre, está presente; ella es el signo de la iglesia. Y hay seis vasijas de piedra para el agua, número incompleto.

En el Evangelio de San Juan, esta historia empieza el recorrido ministerial de Jesús de revelar a Dios y, del matrimonio que Dios contrae con su pueblo que llegará a su culminación en la cruz. Ahí encontramos a la madre sin nombre haciendo su segunda y final aparición en el Evangelio; ahí encontramos la séptima vasija para vino perdida; y ahí encontramos a la iglesia/novia, creada del agua y la sangre fluyendo del costado del nuevo

Adán, Cristo. La cruz une en matrimonio al cielo y la tierra; a través del nuevo Adán y su novia, Dios recrea todo. La boda que inició en Caná concluye en la cruz. Así, la boda de Caná y la cruz sirven como pastas para el Evangelio de San Juan; lo que sucede entre estos dos hechos es la unión gradual de Dios y su pueblo a través de Jesús.

La metáfora juanina de la boda puede ser usada por todos los que peregrinan hacia la unidad. Toma toda una vida el integrar o "casar" todos nuestros aspectos humanos: mental, físico, sexual, psicológico, emocional y espiritual. Pero, una y otra vez podemos ver un atisbo de tal unidad en un momento místico de dicha conyugal. Puede venir después de terminar un buen libro o de hacer ejercicio agotador. Puede aparecer después de haber agonizado por un problema y resolverlo, o viendo un dilema emocional de una nueva forma. Al compartirse mutuamente, un hombre y una mujer casados representan la unidad en su vida. El sentimiento personal de unidad es el signo de que Dios ha sido revelado y se ha unido más profundamente a nosotros en nuestra vida.

Mientras rezas este misterio luminoso, reflexiona en los momentos clave de la boda, cuando has experimentado unidad, y, por lo tanto, a Dios, en tu vida.

La Proclamación del Reino de Dios

[Respondió Jesús:] "El reino de Dios no vendrá de forma espectacular, ni se podrá decir: «Está aquí, o allí» porque el reino de Dios ya está entre ustedes" (Lucas 17,20-21).

Poco importa cómo se exprese; aunque cada evangelista hace su propia interpretación del mensaje de Jesús de que "El plazo se ha cumplido. El reino de Dios está llegando" (Marcos 1,15), de que ". . . porque está llegando el reino de los cielos" (Mateo 4,17), o ". . . porque el reino de Dios ya está entre ustedes" (Lucas 17, 21). El concepto fundamental de que Dios está con su Pueblo aquí y ahora sirve para la proclamación fundamental de Jesús. Sin importar el Evangelio que leamos, vemos a Jesús promulgar el reino de Dios sobre todo a través de parábolas, pero también a través de enseñanzas, debates, exorcismos, curaciones y otras obras.

Dios está donde su pueblo está, declara Jesús. Tal concepto no es radical para nosotros hoy. Pero para la gente de hace siglos, quien "localizaba" a Dios sobre la bóveda en los cielos o en el Lugar Santo de los Santos del Templo, la declaración de Jesús de que Dios está entre ellos era muy difícil de aceptar. Su predicación identificaba al reino de Dios como algo presente; no es algún tipo de vida que se esperara con ansia después de la muerte. No es un premio o castigo eterno. El reino de Dios está entre nosotros.

Por supuesto, es mucho más fácil pensar en la presencia de Dios como en una añoranza lejana y atenuar el mensaje fundamental de Jesús. A pesar de que la gente habla sobre buscar a Dios muchas veces preferiría que el Siempre-presente estuviera fuera de sus asuntos. Al cambiar la proclamación del reino de Dios a un evento futuro, las iglesias pueden controlar a sus miembros haciéndolos trabajar para alcanzarlo y esperar una vida más allá del sepulcro.

Sin embargo, Dios no puede ser controlado, ni siquiera por técnicos de lo sagrado. El reino de Dios emana como luz desde lo profundo de nuestro ser. Cuando vemos la injusticia de un salario indigno y lo denunciamos y trabajamos hacia un cambio en el sistema que mantiene a la gente encadenada, el reino de Dios está cerca. Cuando hablamos con la verdad en medio de robos, mentiras y fraudes colectivos, el reino de Dios está al alcance de la mano. El sólo tratar a cada persona con la dignidad humana fundamental, negándose a unirse al racismo, sexismo, o religiosismo revela que Dios reina entre nosotros. En esos momentos especiales, continuamos donde Jesús se quedó y promulgamos el reino de Dios aquí y ahora. Por eso la Cristianismo es una manera de vivir; es la forma como uno vive en el reino ahora en lugar de un plan sobre cómo ganarse el cielo. En otras palabras, vivimos en el reino de Dios.

Mientras nos ocupamos proclamando el reino de Dios. Jesús reúne a sus seguidores quienes representan la clase de gente en la cual Dios estaba interesado. Los pobres, las prostitutas, los cobradores de impuestos, los leprosos, los perdidos, los pescadores ineptos, los enfermos—ellos fueron favorecidos en el reino de Dios. A través de la historia bíblica, éste es el tipo de gente a quien Dios ha destinado para el reino del Dios Misericordioso. La participación continúa hoy a través de aquellos que siguen proclamando el reino de Dios.

Mientras rezas este misterio luminoso, reflexiona sobre las veces que el reino de Dios ha emanado de lo más profundo de tu ser.

La Transfiguración

[Jesús] Y se transfiguró en su presencia [Pedro, Santiago y Juan]. Su rostro brillaba como el sol y sus vestidos se volvieron blancos como la luz (Mateo 17,2).

El relato de la transfiguración de Jesús ocurre en San Marcos (9,2-13), y en San Lucas (9,28-36). En cada Evangelio la historia de la metamorfosis de Jesús tiene un significado diferente, dependiendo de su lugar. Para San Marcos la transfiguración es otra forma de tratar de describir la resurrección; ya que el original fin de San Marcos no ofrece apariciones de Jesús después de la resurrección. San Marcos nos dice que la resurrección es como ser cambiados(as) en luz blanca mientras hablamos con los dos héroes muertos hace mucho tiempo, Moisés y Elías y encontrar la ley y los profetas en una nueva y diferente forma. San Mateo altera el relato de la transfiguración que encontró en San Marcos previéndolo como un hecho revelador de proporciones colosales que predice las apariciones de Jesús al final del Evangelio. San Lucas también, reescribe la historia que encontró en San Marcos viéndola como la personificación del viaje de Jesús a Jerusalén, donde él realizará su éxodo de la muerte a la nueva vida perfecta, y relata varias apariciones después de la resurrección para probar que hay vida en el otro lado del sepulcro.

Aunque los tres relatos de la transfiguración difieren, mantienen una similitud. Dios hizo algo a través de Jesús. Observa que el verbo está siempre en pasivo—Jesús fue transfigurado, él no se transfiguró a sí mismo. Lo que cada escritor de los Evangelios Sinópticos describe que pasó una sola vez, realmente sucedió muchas veces en la vida de Jesús. La luz de Dios brilló por medio de él y Jesús cooperó con esa luz durante su vida. San Marcos describe la interpretación de Jesús durante su breve ministerio sobre su misión de cambiar de predicar con palabras poderosas y hacer obras poderosas a enseñar a la manera de los impotentes. San Mateo describe a Jesús dándose cuenta de que su misión hacia las ovejas perdidas de la casa de Israel tenía que expandirse hacia las naciones del mundo. Y en San Lucas, el viaje de Jesús a Jerusalén no puede parar ahí. Su misión debe ser delegada a la siguiente generación de gentiles después de los esfuerzo de evangelización de los heroicos apóstoles San Pedro y San Pablo.

Dios transfigura, provoca el cambio, a lo largo de tu vida. La luz de Dios penetra en el amor compartido y consagrado de marido y mujer y todo el intercambio que ocurre durante todo su matrimonio. Brilla a través de los hijos(as) y nietos(as), haciendo que los padres y abuelos cambien su vida. El brillo de un amanecer o de una puesta de sol puede evocar una transformación. El caminar por un parque, un bosque, un prado o un jardín de flores puede provocar un estruendo de belleza que lo cambie a uno. Incluso, las brasas encendidas en la chimenea pueden producir una brillantez que lo llena a uno de comprensión y cambia la forma de pensar.

Mientras rezas este misterio luminoso, reflexiona en todos los cambios que Dios ha realizado en tu vida y cómo el brillo de Dios te ha cambiado para siempre, para no volver a ser el mismo nunca más. Prepárate, como Jesús, a ser deslumbrado.

La Institución de la Eucaristía

Durante la cena, Jesús tomó pan, pronunció la bendición, lo partió, lo dio a sus discípulos y dijo: "Tomen, esto es mi cuerpo". Tomó luego un cáliz, pronunció la acción de gracias, lo dio a sus discípulos y bebieron todos de él. Y les dijo: "Ésta es mi sangre, la sangre de la alianza derramada por todos" (Marcos 14,22-24).

En el nuevo testamento hay cuatro versiones diferentes de la Última Cena del Señor o de la Institución de la Eucaristía: Marcos 14,22-25; Mateo 26,26-29; Lucas 22,14-23; 1 Corintios 11,23-26. Casi todos los católicos están familiarizados con el relato que escuchan en la oración eucarística durante la Misa. Sin embargo, es una síntesis de todas las cuatro versiones arriba mencionadas. Cada presentación refleja la interpretación que cada autor bíblico hace del significado de la muerte de Jesús como vista desde la fiesta judía de la Pascua. San Marcos entiende que la muerte de Jesús es una continuidad de la alianza que Dios hizo con Moisés por medio de la sangre. San Mateo declara que la muerte de Jesús es por el perdón de los pecados. Ambos, San Lucas y San Pablo dicen que la muerte de Jesús da origen a una nueva alianza, como la que Jeremías dijo que estaría escrita en el corazón del pueblo (Jr 31,31-33). El Evangelio de Juan sustituye el discurso del pan de vida en el capítulo 6 por un relato de la institución de la eucaristía y describe, en el capítulo 13, a Jesús lavando los pies de sus discípulos la noche anterior a su muerte como un ejemplo de servicio.

Aunque el significado de cada versión de la Última Cena es diferente, los cuatro relatos presentan los mismos alimentos básicos del mundo antiguo: pan y vino.

El pan no debería tener levadura, no refinado, redondo, plano—no los bloques rectangulares empaquetados, fortalecidos con vitaminas y pre-rebanados de hoy. El vino debería ser algo más que jugo de uva fermentado reducido con agua—no el Merlot rojo sangre de Francia o el Shiraz de Australia. El resultado de la gente reunida comiendo pan y bebiendo vino—unidad—es el reverso del proceso de hacer esos alimentos básicos. Muchos granos individuales de trigo son molidos juntos para hacer la harina. Muchas uvas son exprimidas juntas para sacar el jugo para hacer el vino. Así como muchos granos se convierten en una barra de pan y muchas uvas se convierten en un vino, así todos los comensales se convierten en uno. En otras palabras, cuando la gente come y bebe junta, entran en una unidad que la Última Cena revela como la presencia real de Dios en Cristo, tanto por los elementos como por los comensales.

No nos damos cuenta que tan seguido representamos este misterio, aparte de celebrar la Cena del Señor. Cuando las familias y amigos se reúnen para la cena de Acción de Gracias, la comida de Navidad, el almuerzo de la Pascua, las conmemoraciones de los cumpleaños y aniversarios, pueden comer pavo, jamón o asado, pero los alimentos básicos del pan y el vino están presentes de alguna forma. Por la acción de comer y beber juntos, las comidas renuevan los lazos que los mantienen unidos. Cuando Jesús instituye la Eucaristía, él establece un lazo que une a toda la gente en su única familia, el cuerpo de Cristo.

Mientras rezas este misterio luminoso, reflexiona en las experiencias de unidad que has tenido por medio de los alimentos básicos del pan y el vino. Y da gracias a Dios por ellos.

Los Misterios Dolorosos

La Oración en el Huerto

[Jesús] tomó consigo a Pedro, a Santiago y a Juan. Comenzó a sentir miedo y angustia, y les dijo:" Me muero de tristeza. Quédense aquí y velen" (Marcos 14,33-34).

El relato de la oración de Jesús en el huerto aparece en tres Evangelios: Marcos 14,32-42; Mateo 26,36-46; y Lucas 22,39-46. Cada evangelista escribe diferente sobre la escena porque cada uno piensa que sirve para un diferente propósito teológico. En el Evangelio de San Marcos, un afligido e inquieto Jesús ora tres veces en Getsemaní, porque la tragedia de su sufrimiento y muerte se está acercando rápidamente. Así mismo, en el Evangelio de San Mateo, un sufrido e inquieto Jesús ora tres veces en Getsemaní porque va a ser traicionado por Judas. Sin embargo, en el Evangelio de San Lucas, un Jesús que suda sangre ora sólo una vez en el Monte de los Olivos, y se menciona que un ángel fue a fortalecerlo mientras él se preparaba para su inocente martirio. El Evangelio de San Juan no menciona la escena de la oración en el huerto porque presentaría al Jesús divino demasiado humano. Los relatos de la agonía tienen el tema común de que hacer la voluntad de Dios involucra para Jesús—y para nosotros—el sufrimiento.

Pasamos mucho tiempo tratando de evadir el sufrimiento y la agonía que están tan unidos a la vida. Se gasta más energía tratando de evitar el sufrimiento y la agonía de la que se necesita para pasar por ellos. Así, dejamos para después los proyectos que queremos hacer en la casa porque hacerlos significa dejar de ver la TV o quitarle el tiempo a una película o a otras actividades placenteras. Una relación que no está nutriendo mutuamente a las dos personas simplemente continúa en lugar de que una de ellas enfrente a la otra y la llame para dar cuentas. Los empleadores se quejan de que reciben menos horas de trabajo de sus empleados, quienes encuentran más y más distracciones, como los celulares, las llamadas personales, los días libres, etc., porque no enfrentan y terminan el trabajo. Los estudiantes en preparatoria o en universidad posponen a menudo hasta el último momento hacer la tarea y los trabajos escolares en un esfuerzo por evadir la agonía de terminarlos.

La palabra "agonía" significa "angustia", "lucha", "dolor intenso". Siendo un ser humano, Jesús experimenta angustia cuando se enfrenta con la posibilidad de su propio sufrimiento y muerte. Él lucha para hacer la voluntad de Dios, y experimenta el dolor físico y mental de morir en una cruz. Él sirve como modelo para mostrarnos cómo enfrentar la agonía y seguir su camino en lugar de buscar formas de evitarla. Él confía en que la presencia de Dios lo sostendrá en la agonía y que ésta enriquecerá su vida.

Mientras rezas este misterio doloroso, reflexiona en tus propias experiencias de posponer la agonía y de pasar por ella. ¿En cuáles experimentaste la presencia de Dios? ¿Cómo se enriqueció tu vida?

La Flagelación de Nuestro Señor Jesucristo

"Entonces Pilato ordenó que lo azotaran" (Juan 19,1).

Mientras cada evangelista cuenta su propio relato de la burla de que fue objeto Jesús, sólo el Evangelio de San Juan dice que Jesús fue azotado o flagelado o golpeado severamente. Este pequeño detalle en San Juan llega a ser una escena muy larga en las películas que presentan el juicio de Jesús, tales como "Jesús de Nazareth", "Jesús", y "Rey de Reyes". Los cineastas muy a menudo explotan este elemento con mucha sangre corriendo de las heridas abiertas de la espalda de Jesús. El autor del Evangelio de San Juan no da detalles de la flagelación, ni siquiera menciona cómo se llevó a cabo. Con base en lo que era la práctica común del primer siglo, le podían quitar la ropa a un prisionero y atar sus manos a un pilar o columna. Entonces un hombre empuñando un sólo látigo o uno con varias tiras de piel con cuentas de plomo o caracoles en las puntas procedía a golpear al prisionero ya sea para someterlo, o para castigarlo, o para debilitarlo en preparación para la muerte.

Las formas de golpear han existido a través de la historia. La "regla de los pulgares" en Inglaterra, se refería originalmente al tamaño del palo que un esposo podía usar para golpear a su esposa; no podía ser más largo que su pulgar. Hoy, lo llamaríamos abuso conyugal. En las escuelas, a menudo, los niños eran golpeados con reglas, palos métricos, palas, o les daban nalgadas. La llamada "junta directiva de educación" fue el instrumento usado para disciplinar a los estudiantes indisciplinados. Hoy, lo llamaríamos abuso de niños. Los esclavos que no cumplían con las expectativas de sus amos o que huían, eran atados a un poste y azotados por su dueño. Y aquellos que no terminaban una orden o desertaban de cualquier rama de las fuerzas armadas a menudo eran azotados por sus comandantes oficiales. Hoy, éstos serían demandados.

Rechazamos tal tratamiento pero, a pesar de todo, continúa. Puede que no sea un azote físico, que deja verdugones o heridas, pero los latigazos verbales de un esposo(a), un maestro(a), o uno de los padres puede herir psicológicamente: "No te amo. Te odio. Vete de mi vida. Eres un bueno para nada. Eres un(a) estúpido(a)". Tal flagelación verbal toma más tiempo para sanar, si es que lo hace, y deja cicatrices que frecuentemente duran para toda la vida.

Santo Santiago tiene palabras duras para aquellos cuyas lenguas necesitan ser flageladas: "Si alguno piensa que se comporta como un hombre religioso y no sólo no domina su lengua, sino que conserva pervertido su corazón, su religiosidad es falsa" (1,26). Después agrega, "¿No ves como un pequeño fuego hace arder un gran bosque? Pues también la lengua es fuego, es un mundo de maldad; se establece en medio de nuestros miembros, contamina todo el cuerpo y, atizada por los poderes del fuego eterno, hace arder el curso entero de la existencia" (3,5b-6).

Mientras rezas este misterio, reflexiona en las flagelaciones verbales que les has dado a los demás, promete disciplinar tu lengua, y con pesar, pídele ayuda a Dios para evitar, en el futuro, azotar con la lengua.

La Coronación de Espinas

"Lo vistieron con un manto rojo y, trenzando una corona de espinas se la pusieron" (Marcos 15,17).

En este misterio, tenemos la tendencia a enfocarnos en las espinas. Muchas cruces del Viernes Santo muestran coronas de ramas de rosales llenas de espinas o largas agujas de un árbol agreste espinoso. Deberíamos ver mejor la corona y la capa que la acompaña en los Evangelios. El Evangelio de San Marcos dice que los soldados romanos vistieron a Jesús con una corona de espinas y una capa morada. El Evangelio de San Mateo declara que los soldados romanos pusieron una túnica escarlata sobre Jesús junto con una corona (27,28-29). San Lucas no menciona ni la capa ni la corona. Y el Evangelio de San Juan menciona primero la corona de espinas y después la túnica morada (19,2). Los evangelistas describen la verdad surgiendo de la ironía. Jesús es coronado como rey y aclamado como tal por las fuerzas romanas que ocupaban Palestina. Lo visten con una capa de color morado real o del color escarlata que usaban los militares romanos. Su corona lo representa como un emperador, ya que los emperadores romanos frecuentemente eran dibujados en monedas y relieves usando coronas de laurel expresando victoria. Con un carrizo por cetro y la declaración de los soldados, "¡Salve, Rey de los judíos!" —haciendo eco al "¡Salve, César!" de los antiguos romanos—la verdad en la ironía del reino de Jesús es total.

Jesús reina desde su lugar de impotencia y eso es lo que le da su reinado. Los emperadores y reyes gobiernan por el poder y el linaje, pero Jesús reina como servidor.

Él no está interesado en el control o la manipulación de los demás. Su ministerio es el cuidado por los demás. Entonces, él es irónicamente coronado por las mismas fuerzas responsables de su muerte. Y Jesús ejerce su reinado no por el poder sino, para liberar a todos los que están oprimidos, e incluso a los opresores.

Algunas personas crean sus coronas de éxito pisoteando a los demás para salir adelante. Otras diseñan coronas por medio del control que ejercen con un lenguaje que provoca sentimientos de culpa y remordimiento. Manipulando a otros, algunas personas tejen una corona de decisiones equivocadas con horribles consecuencias. Otras forman coronas visitando a los enfermos, tomando las manos de los moribundos, apoyando a los estudiantes, criando a los hijos de otras personas, siendo buenas vecinas y participando en los ministerios de su iglesia. Observando cuidadosamente, podemos ver que éstas pueden ser coronas de espinas invisibles o coronas de servicio. El Evangelio de San Mateo describe a Jesús identificándose él mismo con quienes tienen hambre, tienen sed, son extranjeros, están desnudos, están enfermos, o están prisioneros, diciendo a los que hicieron lo correcto porque era lo que debían hacer: "Y el rey les responderá: «Les aseguro que cuando lo hicieron con uno de estos mis hermanos más pequeños, conmigo lo hicieron»" (25,40).

Mientras rezas este misterio doloroso de Jesús siendo coronado de espinas, reflexiona en tu corona. ¿Es una corona de espinas o una de servicio a los demás sin buscar el poder?

Jesús con la Cruz a cuestas

"Cuando [los soldados romanos] lo llevaban [a Jesús] para crucificarlo, detuvieron a un tal Simón de Cirene, que venía del campo, y le cargaron la cruz para que la llevara detrás de Jesús" (Lucas 23,26).

En la escena de la flagelación en las películas sobre Jesús, él lucha para cargar su cruz hasta el cerro de la crucifixión. Casi siempre vemos a Jesús cargando la cruz formada por dos pesadas vigas de madera que se parecen a las que se usan para los tramos en las vías del ferrocarril. Sin embargo, sólo el Evangelio de San Juan (19,17) describe a Jesús cargando él solo su cruz; Quien se dice ser Dios, diciendo "YO SOY", no necesita ayuda para cumplir con su trabajo. Ambos San Marcos (15,21) y San Mateo (27,32) dicen que Simón de Cirene cargó la cruz de Jesús; de este modo, Simón de Cirene carga la cruz de Jesús yendo detrás de él.

Quien sea que haya cargado la cruz de Jesús quizás arrastró hasta el lugar de la crucifixión solamente el madero horizontal. El poste vertical estaba en su lugar y el madero horizontal iba sobre él. La costumbre era que el condenado cargara con su propio madero horizontal a fin de humillarlo más y de convertir el hecho de la pena capital en un espectáculo público para intimidar a otros. Los debilitados por la flagelación, el hambre, o la deshidratación necesitaban ayuda.

Los escritores del evangelio no pueden ponerse de acuerdo sobre la forma en que Jesús y su cruz llegaron al Gólgota, El Lugar de la Calavera, porque estaban interesados en enseñar el discipulado. Quieren que el lector entienda lo que es seguir a Jesús. Ningún evangelista presenta una pintura bonita del discipulado, especialmente en la medida en que supone negarse a sí mismo, tomar la cruz, seguir a Jesús, y sufrir la persecución. Pero ésa era la realidad del último tercio del primer siglo, era algo común para los primeros discípulos de Jesús de Nazareth. Aunque hoy, preferimos cruces con ruedas, en el pasado muchos sufrieron la muerte porque eran seguidores de Jesús.

En algunos países, los cristianos todavía son perseguidos. Pero en casi todo el mundo las cruces son menos y más separadas entre sí. Son cruces las enfermedades para las que todavía no se ha encontrado curación como el cáncer, el SIDA. Aquellos que sufren accidentes en automóvil, en avión, en tren, escalando, o nadando, pueden cargar la cruz de sanar y/o de tener algún tipo de daño irreparable. El trauma, el abuso y la falta de deseo de perdonar se pueden contar entre las cruces psicológicas que cargan algunas personas. Las tensiones emocionales del matrimonio y la crianza de los hijos son cruces que cargan los padres. No importa cuál sea la carga, el foco de atención debe estar en el discipulado. Ésta es siempre la cuestión: ¿Qué tan bien cargamos nuestras cruces a lo largo de nuestra vida?

Mientras rezas este misterio doloroso, reflexiona en las cruces que has cargado y en las que ahora cargas, y cómo ellas han puesto de manifiesto lo que entiendes por discipulado.

La Crucifixión

"Los que lo crucificaron se sortearon su ropa y se la repartieron"
(Mateo 27,35).

Los romanos, cuando diseñaban una nueva ciudad, generalmente seguían un plan maestro. Una calle principal correría de norte a sur y la otra la dividiría de este a oeste. Así, la ciudad estaría dividida en cuatro cuadrantes, formando lo que los romanos pensaban que era el orden. Las dos calles principales que se dividían entre sí formaban una cruz. Cualquiera que causara desorden, como los homicidas y traidores, eran sentenciados a muerte en el instrumento que representaba el orden: la cruz. Los que causaban caos en la ordenada ciudad eran crucificados, y su crucifixión servía para disuadir a cualquiera que pensara en perturbar la *pax Romana* o paz de Roma.

Los Evangelios no describen la crucifixión porque la audiencia original conocía sobre la variedad de formas en que se llevaba a cabo. Los romanos rara vez le daban muerte a un solo criminal; ellos preferían un grupo grande de hombres para hacer un espectáculo público más grande. Después de desnudar al prisionero con el fin de humillarlo tanto como fuera posible, generalmente le ponían clavos en sus muñecas—no en las manos—y los pies. El prisionero también podía ser atado de los brazos al madero horizontal para que tuviera un apoyo. Y un pequeño apoyapiés de madera podía ser clavado bajo sus pies para hacerle palanca. El objetivo de la crucifixión no era matar rápidamente al criminal, sino prolongar su sufrimiento tanto como fuera posible. Algunos crucificados colgaban vivos en su cruz por días, expuestos a los elementos y animales salvajes, antes de sucumbir finalmente a la asfixia.

Aunque nosotros no usamos hoy la forma de castigo capital de los romanos, hemos encontrado otras maneras de crucificar a la gente. En algunos lugares puede que todavía se use la silla eléctrica, pero la inyección letal es más estéril y causa menos espectáculo a la audiencia sentada atrás de una ventana, en un cuarto como teatro. Además de tal crucifixión mortal están las que no son mortales que cada uno de nosotros logramos imponer a los demás. Por ejemplo, nos negamos a dejar la vieja imagen de una persona que era alcohólica, que abusaba de las drogas, o de las personas que deambulan por las calles, no importa lo que esa persona haya cambiado. En la política nacional, estatal, local, en la oficina y el hogar, los líderes se crucifican unos a otros por cuestiones económicas, de guerra, domésticas o de política exterior. El sexismo y el racismo pueden ser la cruz que obligue a alguien a dejar su trabajo para que el jefe no tenga que despedirlo(a). Nuestras formas de crucificar pueden ser más humanas, pero el resultado es el mismo: la denigración de un ser humano a sus propias expensas.

Mientras rezas este misterio, reflexiona en alguna crucifixión en que tú hayas participado y con dolor pídele a Dios que te perdone.

Los Misterios Gloriosos

La Resurrección

"El primer día de la semana, muy de madrugada, a la salida del sol, [María Magdalena y María la madre de Santiago y Salomé] fueron al sepulcro. Iban comentando: ¿Quién nos retirará la piedra de la entrada del sepulcro? Pero, al mirar, observaron que la piedra había sido ya retirada, y eso que era muy grande" (Mc 16,2-4).

Estrictamente hablando, en el Nuevo Testamento no hay relatos de testigos oculares de la resurrección de Cristo porque la resurrección es una afirmación de la fe que no puede ser probada. El Evangelio de San Marcos dice que tres mujeres encontraron la piedra del sepulcro movida y a un hombre joven sentado a la derecha (16,1-8). El Evangelio de San Mateo, al agregar el drama apocalíptico de un terremoto declara que dos mujeres vieron a un ángel mover la piedra y sentarse en ella (28,1-10). El Evangelio de San Lucas presenta a unas mujeres llevando especias quienes encuentran el sepulcro sin el cuerpo, pero con la aparición de dos hombres con vestiduras resplandecientes (24,1-13). María Magdalena descubre el sepulcro abierto en el Evangelio de San Juan, y corre a decírselo a Simón Pedro y al discípulo amado, quienes corren hacia la tumba (20,1-10).

La tumba vacía, no importa como se describa, es una metáfora de la resurrección, pero la tumba vacía no prueba la resurrección. Si tú fueras caminando por un cementerio y vieras un pozo, llegarías a una de las conclusiones siguientes: (1) alguien iba a ser enterrado, (2) alguien había robado la tumba, o (3) alguien había sido exhumado. No concluirías que alguien había sido resucitado de la muerte. No sabemos lo que significa la resurrección de los muertos, porque no tenemos conocimiento de cómo es la realidad allá. Es por eso que es más fácil explicar la resurrección diciendo que no es resucitación, pero es como una tumba vacía o un cuerpo sin cuerpo que puede aparecer y desaparecer (Ver Lucas [24,13-53] y las historias después de la resurrección según San Juan [20,11-21,25]).

Cada evangelista cree que Dios resucitó a Jesús de entre los muertos y le asigna un significado a la afirmación de la fe. Para San Marcos, la resurrección significa que Dios no abandona en la muerte a la gente fiel, aunque ésta piense que eso es lo que pasa. Para San Mateo la resurrección significa que Dios garantiza la vida, por medio de la muerte, a los rectos. El discipulado en San Lucas, involucra ser testigo del sufrimiento y de la muerte antes de la resurrección. Y en San Juan la resurrección significa que ver no es siempre creer—pero algunas veces lo es. En general, cada escritor del Evangelio trata de aclarar que la resurrección es el "algo más" que la realidad que experimentamos en nuestra vida.

Los padres, amando y criando a sus hijos a menudo dicen que debe haber algo más; ellos lo descubren en sus hijos adultos y en sus nietos. Los maestros en las escuelas lo descubren en sus exalumnos quienes les agradecen algo que el instructor olvidó hace mucho tiempo. Después de un largo día, los trabajadores "de cuello blanco, azul, y los que no usan cuello" descubren el algo más cuando les dicen que hicieron un buen trabajo. Ese "algo más" en la vida es una mirada fugaz a la realidad de la resurrección.

Mientras rezas este misterio, recuerda algunas de tus gloriosas experiencias de ese algo más de la resurrección.

La Ascensión

"Y mientras los bendecía se separó de ellos y fue llevado al cielo" (Lc 24,51).

En el Evangelio de San Lucas, Jesús resucitado se aparece varias veces después de la resurrección, esa misma noche del Domingo de Pascua, antes de subir a Betania. Sin embargo, en el segundo volumen de San Lucas, los Hechos de los Apóstoles, Jesús resucitado se les aparece a sus apóstoles durante cuarenta días (1,3) antes de ascender del Monte de los Olivos (1,1-11). El autor sabe que una historia no tiene que ser objetiva para poder comunicar una verdad. Así, en ambos escenarios, el autor tiene dos propósitos: (1) el quitar a Jesús resucitado de la historia y (2) narrar la misión hacia los judíos y los gentiles. En otras palabras, Jesús resucitado tiene que desaparecer para que la misión se realice de acuerdo al esquema teológico lucano. Si él se queda, entonces a él, en lugar de a los apóstoles, se le confiará la misión de llevar la Buena Nueva hasta el fin del mundo.

Para San Lucas, la ascensión no es otra cosa que la resurrección disfrazada. Los mismos dos hombres con vestiduras resplandecientes se les aparecen a las mujeres en el sepulcro (Lucas 24,4) y a los apóstoles después de la ascensión (Hechos 1,10). En ambos escenarios, los dos hombres anuncian una visión. Retan a quienes los escuchan a abrir bien los ojos, para ver todo el cuadro, los retan a salir de su pequeña visión de la realidad, y a mirar al mundo y sus universos desde la perspectiva de Dios. En efecto, ése es el reto de la misión—dar testimonio de la obra de Dios en todo el mundo.

Algunas veces la perspicacia de los niños prueba que ellos son más sabios que los adultos; su visión de la realidad es más amplia. Aquellos que han sufrido enfermedades como el cáncer, o han pasado por alguna operación de transplante, a menudo comunican un valor más profundo por la vida y la muerte; su visión se ha ampliado. Cuando nos abrimos conscientemente a la multitud de posibilidades de vivir, podemos experimentar que nos elevan sobre la rutina de la existencia para ver el día de hoy como un pequeñito punto que va desapareciendo al final del horizonte. Muchas veces, los viajes a países extranjeros dejan al peregrino con formas diferentes de creer. Un libro puede revelar percepciones que lleven al lector a verdades profundas que nunca antes contempló. Ésos y otros innumerables cambios en nuestra vida nos permiten ascender, salirnos de un cuadro pequeño, y abrazar la gran misión de ser enviado al mundo para que se dé cuenta de la presencia de Dios.

Mientras rezas este misterio, reflexiona en tus propias experiencias de ascensión gloriosa y agradece a Dios por enviarte a la misión de compartir la Buena Nueva.

La Venida del Espíritu Santo

*"Todavía estaba hablando Pedro, cuando el Espíritu Santo des-
cendió sobre todos los que escuchaban el mensaje. Los creyentes
judíos que habían venido con Pedro quedaron asombrados de
que el don del Espíritu Santo se hubiera derramado también
sobre los paganos"* (Hch 10,44-45).

Casi todos estamos familiarizados con la historia tra-
dicional de Pentecostés que se relata en los Hechos de
los Apóstoles. Presenta un viento violento, lenguas de
fuego, y a los discípulos hablando en lenguas extranjeras
(Hechos 2,1-4). Sin embargo, mucha gente no está cons-
ciente de que en los Hechos de los Apóstoles hay otra
historia de Pentecostés. La del capítulo dos es la historia
del Pentecostés judío; sin embargo, la del capítulo diez
es la del Pentecostés de los gentiles. El autor de ambos
relatos, San Lucas, es el primer evangelista en desarro-
llar una idea del Espíritu Santo, que teológicamente se
refiere como neumatología. San Lucas declara que el
Espíritu Santo lanza y guía la misión de los apóstoles
de Jesús con los judíos y los gentiles. Él describe el Pentecostés como una teofanía, una manifestación de Dios
en el viento, como creación; en el fuego, como en el Sinaí;
y en lenguas, como en Babel, que sucedió cincuenta días
después de la resurrección de Jesús. Aunque hay menos
ostentación en el capítulo diez, una vez que el Espíritu
Santo desciende sobre el centurión Cornelio y los de su
casa, todos son bautizados en el nombre de Jesucristo
(Hechos 10,48).

El autor del Evangelio de San Juan describe a Jesús
resucitado apareciéndose a los apóstoles, dándoles
aliento y llenándolos del Espíritu Santo la noche del

Domingo de Pascua (Juan 20,22). Juan entiende que el Espíritu Santo es Jesús que vuelve (esto se llama teológicamente: escatología realizada); es por eso que el autor a menudo se refiere al Espíritu Santo como el Abogado, el Paráclito, o el Consolador. De la misma manera que Dios sopló vida en Adán, Jesús sopla vida en su banda apiñada de seguidores, a quienes envía a predicar que Jesús es el Mesías, el Hijo de Dios. Por medio del cual el pueblo puede tener vida.

Las metáforas usadas para el Espíritu Santo—viento, fuego, lenguas y aliento—que fueron buenas para San Lucas y San Juan continúan siendo buenas para nosotros hoy. La reunión de parientes y amigos para celebrar cumpleaños, aniversarios, Día de Acción de Gracias, y Navidad, recuerda a todos los lazos que los unen; hay un espíritu definitivo presente a medida que la lengua revela historias de sufrimiento, cuentos de exploración, y narraciones de experiencias de jóvenes y adultos. Una caminata tranquila por el parque o por el bosque puede revelar un árbol encendido con colores otoñales, o el amanecer o la puesta del sol pueden encender el cielo. Una ráfaga de viento repiquetea las campanillas de viento y revela la invisible presencia del Espíritu de Dios. El solo hecho de respirar profundamente puede recordarnos la novedad que experimentamos cada vez que inhalamos y exhalamos.

Mientras rezas este misterio, reflexiona en algunos de los Pentecostés en tu vida, esas experiencias gloriosas del Espíritu Santo del aire, fuego, lenguas, y aliento.

La Asunción

"Pero no, Cristo ha resucitado de entre los muertos, como primer fruto de quienes duermen el sueño de la muerte. Porque lo mismo que por un hombre vino la muerte, también por un hombre ha venido la resurrección de los muertos"
(1 Cor 15, 20-21).

La doctrina de la Asunción de la Virgen María al cielo, conocida también como la Dormición, no es un hecho bíblico. Sólo se puede entender desde la perspectiva de la doctrina de la Inmaculada Concepción, de la creencia de que María fue preservada de toda mancha del pecado original, y de la creencia de que Jesucristo, verdadero Dios y verdadero hombre, libre de todo pecado, fue resucitado de entre los muertos por Dios. Lo que se cree sobre María está basado en lo que se cree sobre Jesús. Entonces, si Jesús es libre de pecado y el Poderoso lo resucitó de entre los muertos, la conclusión lógica es que María su madre (la Madre de Dios), quien era libre de pecado, debía también haber sido elevada de entre los muertos por el Santo. La asunción de María es su participación en la resurrección de Cristo y sirve como un anuncio de lo que espera a los que siguen a su Hijo. En otras palabras, la asunción de María representa la esperanza de una nueva vida al otro lado del sepulcro para todos los que esperan.

San Pablo, en su Primera Carta a los Corintios establece las bases para esta creencia. Él sostiene que ha habido dos Adanes—el primero creado por Dios, quien pecó y trajo la muerte al mundo y el segundo, Cristo, por medio del cual Dios recreó y trajo vida al mundo por su resurrección. Después, San Pablo cita en su carta el dicho,

"La Muerte ha sido vencida. ¿Dónde está, muerte, tu victoria? ¿Dónde está, muerte, tu aguijón?" (15,54). En otras palabras, la muerte traída por el primer Adán ha sido devorada viva por la resurrección del segundo Adán. María, la madre del segundo Adán, es el segundo ser humano en experimentar la resurrección porque ella, como su Hijo, no estaba sujeta a la muerte que era el resultado de la desobediencia del primer Adán. Por su espera en obediencia a Dios, ella fue asunta al cielo.

La asunción de María representa lo que les depara a los que esperan el día cuando "Dios sea todo en todas las cosas" (1 Cor 15,28). Ella es el modelo de lo que Dios puede hacer en los que esperan con fe, esperanza, y amor a que el Misericordioso actúe. Puedes estar esperando un nuevo trabajo o un aventón a algún lado. Puedes estar esperando el nacimiento de un hijo o terminar la papelería para la adopción. Puedes estar esperando una carta en el correo o a un amigo(a) o familiar que llegue a visitarte. Cada vez que esperas con fe, esperanza y amor, imitas la espera de María a que Dios actuara en su vida. Su asunción es la garantía de que Dios resucita a una nueva vida a los que esperan a que el Santo de los Santos actúe.

Mientras rezas este misterio, reflexiona en las obras gloriosas que Dios ha hecho en tu vida mientras esperas.

La Coronación de la
Santísima Virgen María

"Una gran señal apareció en el cielo: una mujer vestida del sol, con la luna bajo sus pies y una corona de doce estrellas sobre su cabeza" (Ap 12,1).

La exaltación y coronación de María por Cristo como reina del cielo, al igual que su asunción, no es un hecho bíblico. Sólo puede entenderse desde la perspectiva de la doctrina de la Inmaculada Concepción, la creencia de que María fue preservada de toda mancha del pecado original, y de la doctrina de la Asunción, de que ella fue asunta en cuerpo y alma al cielo. Lo que se cree de María está basado en lo que se cree de Cristo. Así, si Jesús es el rey de reyes por su resurrección de los muertos por Dios, María, su madre, tendría que ser la reina por su asunción al cielo por el Poderoso. Por lo tanto, la coronación de la Madre de Dios se ajusta aún más a la imagen de Cristo.

La literatura apocalíptica, como la que se encuentra en el Apocalipsis, trata de describir esta verdad usando un augurio, un anuncio o un presagio escrito en signos o códigos. La mujer, la personificación de Israel, de donde Dios da a luz al Mesías, es la encarnación del sueño del hijo de Jacob, José, quien ve el sol y la luna y once estrellas que se inclinan ante él. Israel está embarazada y da a luz al Mesías en la persona de María de Nazareth, escogida por Dios desde toda la eternidad para ser la madre del Hijo del Todo Santo, Jesucristo, "un hijo varón, destinado a gobernar todas las naciones con cetro de hierro" (Ap 12,5). La coronación de María representa la coronación de su cooperación absoluta con Dios en el plan de la salvación.

Aunque ahora, hay muy pocos reyes, reinas y nobles, de todas maneras, la gente los ve como un poco más arriba de los plebeyos. Esperamos que estén arriba de cualquier reproche. En cuanto a las candidatas a certámenes de belleza, queremos que la reina ganadora tenga un porte impecable, conversación, y canto. En el antiguo programa de TV "Reina por un Día", una mujer ganaba premios y una corona por su habilidad en contestar preguntas correctamente. Lo que buscamos en las reinas de cualquier clase es lo que el Poderoso encontró en María, a quien el Todo Santo escogió para ser la madre del Hijo del mismo Dios.

Por medio del Bautismo, nosotros, también, hemos sido escogidos. Después de morir y resucitar con Cristo, fuimos ungidos, "Crismados", con el crisma y declarados reyes o reinas, escogidos por Dios para cooperar con Él en el plan de la salvación. Nosotros ejercemos nuestro estatus real, como María, cuando distinguimos y declaramos la obra de Dios en nuestra vida. Puede no implicar dar a luz al Mesías, pero el alimentar al hambriento, el dar de beber al sediento, el vestir al desnudo y el visitar al que está preso pueden ser no obstante actividades reales.

Mientras rezas este misterio glorioso, reflexiona en la forma en la que ejercitas tu estatus real y busca indicios del plan de Dios en tu vida.